AF439408

¿Qué pasa con la Conquista?
#500 años y 1000 días

H. Peralta

Prólogo

El 13 de agosto de 2021 se cumplen 500 años de la caída de México-Tenochtitlán, lo cual marcó el fin del imperio azteca. Hernán Cortés y sus hombres habían agregado un nuevo súbdito al reino de Carlos I. Unos 1000 días antes habían iniciado la aventura desde la isla de Cuba. Todos lo sabemos. Pero, ¿cómo se vive hoy ese hecho histórico que, para bien o para mal, marcó el rumbo de México y del continente americano? ¿Qué representa actualmente para la persona promedio de este lado del Atlántico? Un aspecto muy importante, por supuesto, es que estamos leyendo esto en castellano, el idioma de los conquistadores. Eso sí, día a día lo aderezamos con cientos de mexicanismos y americanismos, que le meten sabor y enjundia. ¿Qué más? En estas páginas, que intentan formar una obra continua y creciente*, encontraremos una serie de hechos interesantes que nos demostrarán que 500 años no pasan de balde o que medio milenio es nada, como podría decir la canción. A darle, que es mole de olla.

*Agrega tus opiniones y comentarios en el hashtag #500añosy1000dias de Twitter.

1. La fundación

¿Cómo que Cuzco fue fundado en 1534 por Francisco Pizarro? ¡Si Coshco era la cabeza del Imperio Inca, el Tihuantinsuyo, las cuatro esquinas del mundo y fue fundado por los meros jefes, Manco Cápac y Mamá Ocllo, hijos del dios Sol, quienes lanzaron una jabalina de oro y donde se enterró fundaron el asiento del gran Inca! Así lo cuenta Garcilaso:

"La primera parada que en este valle hicieron, dixo el Inca, fue en el cerro llamado Huanacauti, al mediodia de esta ciudad. Allí procuró hincar en tierra la barra de oro, la qual con mucha facilidad se les hundió al primer golpe que dieron con ella, que no la vieron más. Entónces dixo nuestro Inca a su hermana y muger: En este valle manda nuestro padre el sol que parémos y hagamos nuestro asiento y morada, para cumplir su voluntad, Por tanto, reyna y hermana, conviene que cada uno por su parte vamos a convocar y atraer esta gente para los doctrinar y hacer el bien que nuestro padre el sol nos manda."(1)

La verdad es que para 1438, el gran Pachacútec ya estaba haciendo el trazo de la ciudad, imitando la grácil figura de un puma y él y su hijo, Túpac Yupanqui, dedicaron 50 años a la conciliación de las diversas tribus que formaron la base de su dominio en Cuzco.

¿Recuerdas que caminamos por esas calles hermosas, hechas a paciencia, piedra por piedra, hace algunos ayeres? Ahí estaba el Coricancha, el templo del Sol, del que dicen que tenía las paredes recubiertas de oro. Recordamos que Atahualpa ofreció a los españoles como rescate llenar una habitación de oro y dos de plata. Luego de cumplirlo, fue sentenciado a muerte y se le permitió escoger su manera de morir: la horca o ser quemado vivo. Escogió la primera, más misericordiosa, previo bautizo. Desde la plaza central, hermosa, se podía ver la fortaleza de Sacsayhuaman, la de piedras megalíticas como cortadas con regla, donde cada 24 de junio, en el solsticio de invierno y día de San Juan, se hace el Inti Raymi, la fiesta del sol.

¿Cómo que Cuernavaca fue fundada por Cortés según la Real Cédula del 6 de junio de 1529? ¡Claro que no! La antigua Cuauhnahuac fue fundada por los tlahuicas, los que amasan la tierra, que fueron los constructores de Teopanzolco, el lugar del viejo templo, donde está la pirámide doble de Tláloc y Huitzilopochtli y el circular de Ehécatl, el dios del viento, advocación de Quetzalcóatl, el dios sabio; de Xochicalco, el lugar de la casa de las flores, de la pirámide en el Tepozteco que vigila desde la cima del cerro y de Coatetelco, donde aún hoy se puede caminar y ver las piedras labradas adosadas a las capillas. En Cuernavaca, cerca de mi casa, está el puente del Diablo, donde según las malas lenguas, cruzó Cortés de un salto en el asedio a la entonces capital. Unos dicen que un ángel bajó del cielo y lo atrapó con todo y caballo para que pudiera atravesar la barranca, que en ese lugar apenas mide unos metros. Otros, en cambio, vieron que fue el Maligno el que lo ayudó en esa tarea.

Aquí el Marqués construyó un Palacio, hermoso, que hoy está en el centro de la ciudad, adornado por un torreón y unas columnas esbeltas. Por cierto que en Santo Domingo, en la isla La Española, don Diego Colón mandó hacerse un palacio casi idéntico. Cerca de Cuernavaca, Hernán fundó una hacienda y el primer ingenio en tierra continental. En la capilla de la hacienda ahora se casan los novios los sábados y también hay un restaurant único, ya que su techo está sostenido en las ramas de un amate blanco.

La cuestión es que los pueblos y ciudades prehispánicos tenían ya una historia anterior a la Conquista y hay que retomarla y traerla al conocimiento de las nuevas generaciones. Eso de poner el año de la fundación reciente de las ciudades se ve más en el norte de México, donde sí puede ser que las fundaciones se hayan hecho en lugares despoblados, como Monterrey por ejemplo.

1. Fundación del Cozco. Cap XVI. Inca Garcilazo de la Vega.

2. Tenochtitlán

Dicen que su fundación fue mítica y por eso no se sabe la fecha con exactitud. Que 1325, que 1321. Los Anales de Tlatelolco dicen que fue en una fecha equivalente al 20 de junio de 1321. Lo que sí sabemos es que fue fundada en uno de los peores lugares posibles. Algo así como el Nuevo Aeropuerto Internacional de la Ciudad de México, que fue a intentar cimentarse en medio de otro lago. Ya traían algo de cansancio los aztecas, después de peregrinar dos siglos desde otro lugar mítico, el lejano Aztlán, el lugar de las garzas. Cuando llegaron al altiplano, al hermoso Valle de Anáhuac, todos los lugares buenos estaban ocupados. Típico. Los ricos vivían en Las Lomas, Santa Fe y Coyoacán; los de medio pelo en Tlacopan y Azcapotzalco, los más amoladitos en Chalco, Neza e Iztapalapa. Sólo quedaba el zócalo libre, que entonces era un islote. Ahí vieron a una águila devorando a una serpiente, cómo no, parada sobre un nopal (*Opuntia*, para los enterados). No se sabe bien si tenía tunas, aunque por ser junio, creo que sí.

El dios Huitzilopochtli, al que por cierto llevaban en andas, dijo: "¡Ahí mero!". El sacerdote del dios, Cuauhtlequexqui, dijo que le había dicho, en español muy castizo:

"Id y ved un nopal salvaje: y allí tranquila veréis un águila que está enhiesta. Allí come, allí se peina las plumas, y con eso quedará contento vuestro corazón: ¡allí está el corazón de Cópil que tú fuiste a arrojar allá donde el agua hace giros y más giros! Pero allí donde vino a caer, y habéis visto entre los peñascos, en aquella cueva entre cañas y juncias, ¡del corazón de Cópil ha brotado ese nopal salvaje! ¡Y allí estaremos y allí reinaremos: allí esperaremos y daremos encuentro a toda clase de gentes! Nuestro pechos, nuestra cabeza, nuestras flechas, nuestros escudos, allí les haremos ver: a todos los que nos rodean allí los conquistaremos! Aquí estará perdurable nuestra ciudad de Tenochtitlán! El sitio donde el águila grazna, en donde abre las alas; el sitio donde ella come y en donde vuelan los peces, donde las serpientes van haciendo ruedos y silban! ¡Ese será México Tenochtitlán, y muchas cosas habrán de suceder!" (1)

El jefe de la banda pensó que no era el mejor lugar, pero no dijo nada. Se apearon, marcaron el lugar para el gran Templo y empezaron a hacer su vida, no sin problemas. Tuvieron que pedir un jefe prestado, algo así como nombrar presidente de un partido a un opositor (que luego salen con las traiciones, etcétera). Culhuacán les mandó a Acamapichtli (Manojo de cañas) en 1376 y se convirtió en el fundador de la dinastía. Cualquier parecido con la actualidad es mera coincidencia. Itzcóatl llegó luego y se convirtió en Tlatoani o Dirigente supremo. Agrandó la ciudad ya entonces llamada México-Tenochtitlán. El nombre es un quebradero de cabeza, también. Bernardino de Sahagún dijo que México era por el nombre del líder de los aztecas, Mecitli (Maguey liebre). Clavijero decía que por el apodo de Huitzilopohtli, Mexihtli. Alfonso Caso dijo que el lago se llamaba de la Luna (o Metz-tli), y que México entonces sería Metz, luna, centro u ombligo (xic-tli) y co (locativo), el lugar del centro de la Luna.

El gran Gutierre Tibón dijo que el lago se llamaba Metztliapan, que era como el lago que rodeaba a la mítica Aztlán, y en el que había una isla llamada México.

Tenochtitlán significa tenoch, tuna de piedra, y tlán, lugar. Originalmente al lugar le pusieron Cuauhmixtitlán, o sea, el lugar del águila entre las nubes (por cierto ninguna colonia se llama así en la CdMx, ¡hay que aprovechar!). Ya después Acamapichtli le cambió el nombre para honrar a Tenoch.

Ya desde entonces el agua era un problema. Se juntaban las aguas dulces con las saladas, se desbordaban los lagos, llegaban a las casas. El problema continuó por los siglos de los siglos. Ahora la ciudad se hunde, un poquito cada año. Las calles se tuercen. Las iglesias se inclinan. Mala idea de los aztecas desde el principio edificar sobre el islote. Mala idea de los españoles de reconstruir y rellenar. Mala idea que lleguen millones y millones a esta ciudad que está en el límite. Se agrandó y agrandó y llegó a los 20 millones de aztecas y ahora ocupa municipios de Hidalgo y Estado de México, ¡pero ese ya es otro cantar!

1. Crónica Mexicayotl. Tezozomoc de Alvarado.

3. Racismo

Según las autoridades de la Real Academia de la Lengua Española, racismo es:

"La exacerbación del sentido racial de un grupo étnico que suele motivar la discriminación o persecución de otro u otros con los que convive, y que habitualmente causa discriminación o persecución contra otros grupos étnicos. La palabra "racismo" designa también la doctrina antropológica o la ideología política basada en ese sentimiento."

O sea, algo malo. No obstante lo anterior, nuestros países americanos están llenos de racismo. ¿Porqué? Despues de la Conquista, los españoles tomaron mujeres para cohabitar con ellas y engendrar, quizá sin querer, una nueva raza. Decían que era para refocilarse, "yacer con mujer" o "hacer de Venus". Lo que no previeron los españoletes fue que nacieran niños de esas uniones naturales.

El primer español que gozó los atributos de las morenas fue Gonzalo Guerrero, quien en septiembre de 1511 naufragó en el barco que los llevaba por las costas de Yucatán, junto con Gerónimo de Aguilar (1). El primero decidió quedarse a echar raíces en las nuevas tierras y el segundo fue rescatado por Hernán Cortés en 1519, quien desde Cozumel le envió una carta para convencerlo. Gonzalo le agarró tanto amor a los mayas (y a doña Zaasil) que se quedó con ellos, formó una familia, tuvo hijos y se hizo jefe de un pueblo. Años despues luchó a lado de su nueva gente en contra de Pedro de Alvarado y encontró la muerte en Puerto de Caballos, en la actual Honduras, en agosto de 1536.

La cruza de peninsulares e indígenas, pues, originó niños de color café con leche, y que en sucesivas relaciones con otros grupos como los negros traídos de Africa, dieron como resultado una enorme variedad de personas con diversas características. Los gobernantes criollos (o sea, españoles puros), en su afán clasificatorio, inventaron una serie de clases cuyos nombres ahora dan risa, pero en su tiempo debieron ser oprobiosos.

Por ejemplo: mulato, castizo, zambo jarocho, zambo prieto, morisco, chino, saltapatrás, lobo, gíbaro, albarazado, cambujo, calpamulato, tente en el aire, no te entiendo, torna atrás.

Al final, criollos y mestizos y toda la variedad de "castas" se volvieron a mezclar y este *melting pot* real originó nuestra bella raza. Sin embargo, pasando este tiempito, el día de hoy, sigue apareciendo el estigma de la raza en la discusión nacional. Un estudio concluyó que las personas con apariencia indígena tienen varias veces más probabilidad de vivir en la pobreza o de no alcanzar un nivel educativo superior (2). También, que la mayoría de personas ricas son blancas.

A pesar de que la gente le otorga un valor a la *blancura* de la piel, también se expresa con orgullo de las razas originarias. Un político de cuyo nombre no quiero acordarme, alebrestó el avispero queriendo hacer un juego de palabras y terminó ofendiendo a los "prietos".

Luego luego le contestaron. Por ejemplo, "500 años después, aquí estamos, más prietos que nunca… los prietos somos todos, vamos a celebrar la piel de nuestras abuelas"(3). O "muy orgullosos de sus orígenes prietos, pero en redes sociales se retocan tanto para parecer whitexicans" (4). Este término, alude precisamente a los mexicanos que quisieran ser como los blancos. Algunos, en su afán de defender la raza de bronce, llegan a extremos poéticos:

Mi piel se respeta
mi piel suda
mi piel resuena
en mi piel no hay duda
mi piel ama
mi piel es pura sabrosura (5)

¡Ajúa! No hay que olvidar que en cada familia hay un hijo o hija al cual se le apoda "el Negro" o "la China" para señalar sus rasgos diferentes. En el mercado es típico que a cualquier persona le digan güero (rubio) aunque diste mucho de serlo, la cosa es vender: "¡pásele güerita!". También resultan algo monárquicos cuando dicen: "¡ándale reina, agarra!" o de plano filiales con eso de: "¡sí madre, sí hay, usted pregunte!". En fin, que aquí todo ha sido una cruzadera y que nadie se salva. Mejor haríamos ir viendo qué ventajas tiene este mestizaje y parar ya el enojo y la división. ¡He dicho!

1. Wikipedia. 2. Esquivel, G. Desigualdad extrema en México: concentración del poder económico y político. Oxfam México. 2015. 3. Luna Marán, Twitter. 4. Sebastián Harrison, Twitter. 5. Neri Paredes, Twitter.

4. La Malinche traidora

Todos estamos de acuerdo en que Malintzin, Malinche o Doña Marina, la traductora intérprete y amante de Cortés, fue una vendida. Hagamos de cuenta como el árbitro de un partido. Juegan el Xoxocotlan contra el Real. Don Marino, el árbitro trae un coraje con los locales, les marca un penal inexistente. Lo cobra el delantero, Fernando. ¡Gol chingao! Ya luego atrás de la portería, en lo obscurito, se ve que se están arreglando, Fernando le mete mano a don Marino, le unta la mano. Eso es ser vendido. Nacida en Xicalanco, en los confines del imperio mexica, fue una persona decisiva para que Cortés y sus hombres lograran interactuar exitosamente con los pueblos de la región, durante la llegada por el golfo y la ascensión al altiplano. Aguilar, el rescatado de Yucatán, dominaba el maya, Doña Marina también y además el náhuatl, el idioma franco del imperio.

El tema de la traición de la Malinche está muy establecido. Obvio que muchos revisionistas dicen lo contrario. Que no existía un México como tal. Que ella no era mexica y por tanto no los traicionó. Que le ganó el amorsh. En fin. Malinche, como personificación de la famosa Chingada, es recordada todos los días en México.

Paz dice que la Malinche es la mujer violada por excelencia, la indígena jodida por el consquistador, madre de muchos hijos que no la reconocen. Como hijos de la Chingada, los mestizos cargamos con la injuria centenaria. Es el máximo insulto en las calles y cantinas de México. Queremos olvidar, pero no es fácil. Corte a 2021: con eso de los derechos y la igualdad de género, no importa meter en el mismo saco a doña Malintzin y a las mujeres nahuas (1).

Yo prefiero la Malinche traidora versión Tepoztlán. Cuando vengas al pueblito mágico (al que casi le quitan el título por tanta michelada), sube al cerro del Tepozteco para ver la pirámide de Tepoztécatl, el dios del maguey, la fermentación y el pulque, visita la iglesia de la Natividad de María, joya del siglo XVI, date una vuelta por el mercado y el tianguis, donde venden de todo, desde artesanías de pochote hasta baratijas chinas. Ya exhausto y con hambrita, pásate al restaurant y pídete primero una sopa azteca. Llegará vaporizante, caldo de chile guajillo con totopos de tortilla crujiente, crema, aguacate, chicharrón y chiles de árbol tostados. Para acompañar, una cervecita helada. Lo bueno sigue con la Malinche traidora, pechuga horneada rellena de queso Oaxaca y jamón, cubierta con salsa de queso manchego, cacahuate y trocitos dorados de tocino (que allá en la península le dicen beicon). Oriente, Europa y América en un solo plato. Disfrutar. Olvidar. Las traiciones hace mucho que ocurrieron.

1. Malintzin y las vivencias de mujeres nahuas durante la Conquista. Conversatorio. Canahutlicalli, S. C.

5. Tras los pasos de Cortés

Todos sabemos que Hernán Cortés y sus hombres llegaron al puerto natural de San Juan de Ulúa, hoy en Veracruz, el jueves Santo de 1519. De ahí, bordearon al norte y echaron pie a tierra cerca de la ciudad antigua llamada Quiahuiztlán, localizada a unos 70 kilómetros al norte del actual puerto de Veracruz. Ahí fundó la Villa Rica de la Vera Cruz.

¿Cómo es volver a caminar los pasos de Hernán, 500 años después de su llegada? Un mexicano tiene la respuesta. En 2019, en 15 jornadas, caminó a pie una parte importante de la Ruta de Cortés, entre las ciudades de Zempoala y Tenochtitlán. Vamos a escucharlo en sus propias palabras:

"Yo, vuestro siempre amigo el Licenciado Mario Jesús Gaspar Cobarruvias, realicé a pie casi en su totalidad, una parte significativa de la Ruta de Cortés, recorriendo más de la tercera parte del total entre las ciudades mesoamericanas de Zempoala y Tenochtitlán (hoy Ciudad de México).

Debido a recortes presupuestales federales, estatales y municipales, muchos proyectos y expediciones similares que dependían de ellos y donde incluso, en muchos se me pidió que los guíase o fuera asesor, nunca pasaron a la práctica y se cancelaron.

Por lo que esta expedición financiada por la iniciativa privada, donaciones y mis propios recursos fue, hasta donde se tiene noticia, la única que se realizó en México con fines documentales coincidiendo con la fecha históricas de los 500 años, subiendo desde la costa hacia el altiplano como lo hicieron Cortés y sus compañeros en 1519.

Se obtuvieron innumerables datos nuevos en historia, arquitectura, ingeniería, geografía, meteorología, flora, fauna, gastronomía, etc., así como 6291 fotografías de 13 y 16 megapixeles y 31 videos de alta resolución que han sido cuidadosamente clasificados.

Además, en el proceso de investigación histórica para sustentar esta Ruta de Cortés, se logró acumular en 6 años de trabajo un muy extenso acervo en libros, archivos digitales, planos, mapas, cartas, informes de expediciones, testimonios de los protagonistas del siglo XVI y las obras que sobre ellos se escribieron hasta el día de hoy. Se invitó a participar a muchas personas, mostrando siempre un espíritu incluyente hacia la sociedad. Las metas de este viaje, dado el ambiente social tenso que se generó desde marzo de 2019, nunca fueron politizar, desacreditar a raza o nación alguna por las acciones de unos cuantos, hacer una historia "a modo", achacar la culpa de los problemas actuales a los europeos idealizando Mesoamérica, menospreciar los logros alcanzados por las culturas prehispánicas, ni mucho menos promover odios y resentimientos ancestrales en beneficio personal o de alguna ideología, creencia religiosa o partido político, como tanto se estila en este siglo.

Lo que se hizo fue hacer ciencia, constatar el estado actual de la Ruta de Cortés y lo que se puede encontrar en ella, ampliar el conocimiento del mundo en que se desenvolvían nuestros ancestros hace 500 años y ayudar a reducir el desconocimiento de este periodo histórico, sin imponer una visión a nadie. Y si así se quiere ver, llevar un mensaje de respeto y tolerancia para quienes vivimos en este país.

En este viaje se hicieron muchas entrevistas y se repartieron más de 200 trípticos informativos de mi autoría, para difundir el conocimiento de la historia y los fines de esta expedición en los habitantes de los 8 municipios veracruzanos recorridos Actopan, Úrsulo Galván, La Antigua, Puente Nacional, Emiliano Zapata, Xalapa, Coatepec y Xico, sin discriminar a nadie por su nivel educativo, condición socio-económica, raza, color de piel o religión, pues no soy un nacionalista ni globalista, solo un simple humanista.

Es imposible publicar todo lo que vi y experimenté, pero traté de reseñar lo más importante en estos mosaicos de fotos, acompañados del texto de los partes que, como corresponsal, enviaba cada noche vía Whatsapp a varios medios de comunicación y cientos de personas en muchos países de América y Europa, desde donde siguieron la travesía con mucho interés por nuestra historia. Dedico esta humilde reseña a la memoria de mi fallecido amigo Adán Vez Lira, ferviente defensor del medio ambiente en La Mancha, quien fuera asesinado el 8 de abril de este año 2020 y cuyo crimen permanece aún sin resolver. El creyó en mi Ruta de Cortés, ayudándome a recorrer con seguridad los primeros 28.8 kilómetros por los caminos antiguos que conocía desde su niñez.

Así también, rindo homenaje al esfuerzo, valor y sacrificio de todos mis hermanos exploradores, viajeros y senderistas de costa y baja y alta montaña.

Así como a los arqueólogos, historiadores, cronistas, maestros, arquitectos, ingenieros, fotógrafos, biólogos, artistas, ecologistas, turismólogos, hoteleros, guías de turistas, abogados, comunicadores e investigadores independientes que como yo, han dedicado parte de sus vidas a recorrer, enriquecer con su trabajo y dar a conocer la Ruta de Cortés y otras más al resto del mundo.

Agradezco sinceramente y de corazón, el apoyo de mis patrocinadores y a las muchas personas que me ayudaron con su participación, conocimientos, relaciones y recursos, a que esta expedición fuese realidad, tuviese éxito y la conmemoración de los 500 años de la Ruta de Cortés no pasara desapercibida. Los frutos positivos que de este pobre pero sincero esfuerzo se deriven, no pertenecen a los indígenas, africanos, españoles ni a sus descendientes mexicanos, sino a toda esa familia del planeta tierra llamada Humanidad. ¡Benditos sean todos!" (1)

En próxima obra a publicar, el Licenciado Gaspar narrará lo que encontró siguiendo los pasos de Hernán. La mañana del 14 de agosto llegó a Villa Rica, en Actopan, y recorrió los restos de la primera iglesia, fortaleza y sede del primer cabildo de lo que sería la Nueva España. Ahí vio los remanentes del primer horno europeo hecho por Cortés para cocer la cal. También supo acerca de la difícil situación de las familias a orillas del mar que resienten cada vez más la intensidad del oleaje y la subida de nivel del agua. La falta de apoyo para la construcción de un rompeolas. Continuó su camino para llegar a la laguna La Mancha y pernoctar. El amanecer del 16 de agosto en Zempoala, a 500 años de distancia, repitió la salida que hiciera el conquistador, con su ejército de españoles e indios hacia la lejana Tenochtitlán.

1. Mario Jesús Gaspar Cobarruvias III. Facebook. Https://www.facebook.com/media/set/?set=a.297548297971750&type=3

6. Tlaxcaltecas

¡Uy, esto si está de actualidad! Porque los chavos dicen en las redes de la internet que Tlaxcala no existe. Pero sí. Cortés la encontró. Nosotros visitamos la bella ciudad hace poco. El ambiente es quieto, sigiloso. Algo que nos gustó es que tiene más orden que otros lugares.

Tlaxcallan, la tierra del pan, mejor dicho, del tlaxcal. Estos panecillos se hacen con el maíz que se está madurando. A esa mazorca se le llama camagua. Se muele, se le pone canela, piloncillo. Se cocinan en el comal. Calientitos, con su café, son una maravilla. Si los dejas, siguen buenos más de tres semanas. Aguantadores.

Así los tlaxcaltecas, aguantadores. Tuvieron de vecinos al imperio mesoamericano más belicoso. Los mexicas y los tlaxcaltecas ya se traían en salsa. Estaba situado a unos cuantos kilómetros de México-Tenochtitlán y como la situación era difícil, ante la imposibilidad de vencerlos, los aztecas se acostumbraron y mejor sacaron lo bueno de eso.

Así que se hacían guerritas conmemorativas llamadas guerras floridas con un único fin: ir calando la situación y hacer prisioneros. Por cierto que estos últimos tenían un hórrido final en las escalinatas del Templo Mayor.

Alguna vez los mexicas se aliaron con cholultecas y huexotzincas y les dieron un buen entre, en 1504, en tiempos del Xocoyotzin. No les ganaron, pero les pusieron un bloqueo estilo el de Estados Unidos a Cuba. Eso prendió a los tlaxcaltecas. Esta era la situación cuando llegó el pérfido peninsular. Cortés envió a unos embajadores cempoaltecas a pedir autorización de cruzar el territorio para llegar al altiplano.

Hubo una voz sensata. La de Xicoténcatl, quien dijo en el Senado tlaxcalteca que podía ser un engaño. Se enfrentaron a los españoles tres veces, las tres perdieron, decían que habían perdido el apoyo del dios Sol. Sacando ventaja de las derrotas, decidieron apoyar a Cortés siempre y cuando éste se comprometiera a derrotar a sus eternos enemigos cercanos. Así se selló la primera concertacesión.

Después de que el polvo de la victoria se hubiera asentado, con el tiempo los tlaxcaltecas sufrieron en carne propia un destino semejante al de sus odiados mexicas. El expolio, la enfermedad y la debacle se enseñorearon también en esas tierras.

7. Moctezuma y Cuauhtémoc

Los jefes, los últimos grandes Tlatoanis. Les tocó defender el terruño. A Moctezuma, el antepenúltimo Huey Tlatoani, le tocó administrar el más grande imperio mesoamericano, que se extendía del altiplano a las costas y selvas del sur. El engranaje del reino estaba correctamente engrasado mediante el ejército, espías y superdelegados en las provincias y rendía cada año los frutos de las conquistas aztecas a través de los tributos. Miles de piezas de algodón, oro, pieles, cacao, maíz, frijol, amaranto, plumas, jade, todo fluía a los grandes almacenes en México-Tenochtitlán.

Al mismo tiempo que Maquiavelo escribía sobre los dones que debía tener el Príncipe, encerrado en su casa en la Toscana, en estos rumbos el Jefe, junto con su Cihuacoatl o segundo, gobernaban eficientemente sobre millones de personas en miles de pueblos. Los métodos eran efectivos. Los castigos, enormes. Muerte por decapitación o apedreamiento a los delitos, juzgados en tribunales, de sodomía, adulterio, robo, herejía y conspiración. Mutilación para delitos menores.

Los códices nos muestran cómo se educaba a los chicos, para evitar las malas costumbres. Azotes y humo de chile eran clásicos. Pero también servían los consejos para las buenas conductas, dictadas a través de las huehuetlatolli, palabras sabias o antiguas.

La flagelación o mortificación eran, por otra parte, prácticas de los cultos a los dioses, por los sacerdotes, que no eran santones sino oficiantes y responsables de las adoraciones y fiestas. Espinas de maguey en el pene, orificios en la nariz, boca y orejas, escoriaciones en pecho, piernas y espalda, sangre por aquí y por allá.

Todo para tranquilizar al dios furioso Huitzilopochtli, para pedir al dios del agua buenas cosechas, para que el dios Sol siguiera girando en el cielo, a la diosa de los alumbramientos y del maíz. Al dios del viento y la sabiduría, Quetzalcóatl, le gustaban las flores y los cantos.

Mucho se dice que los aztecas eran salvajes y bélicos, pero se olvidan de que los otros pueblos, incluso que rodeaban la misma laguna, con los que compartían culturas y dioses, no practicaban tanto los sacrificios o el canibalismo. Ahí está Texcoco y el gran Netzahualcóyotl, el rey poeta. Su poema más conocido está en letra diminuta en el billete de $100, pero otros también alcanzan una belleza lírica importante. Los poemas de Netzahualcoyotl son comparables a los de los más famosos poetas o filósofos de la historia, y resuenan a Omar Khayyam, a Confucio o al bíblico:

No acabarán mis flores

no cesarán mis cantos

Yo cantor los elevo

se reparten, se esparcen

Aún cuando las flores

se marchitan y amarillecen

serán llevadas allá

al interior de la casa

del ave de plumas de oro

¿Con qué he de irme?

¿Nada dejaré en pos de mi sobre la tierra?

¿Cómo ha de actuar mi corazón?

¿Acaso en vano venimos a vivir,

a brotar sobre la tierra?

Dejemos al menos flores

Dejemos al menos cantos

Yo Nezahualcóyotl lo pregunto:

¿Acaso de verás se vive con raíz en la tierra?

No para siempre en la tierra:

sólo un poco aquí

Aunque sea de jade se quiebra,

aunque sea de oro se rompe,

aunque sea plumaje de quetzal se desgarra

No para siempre en la tierra:

sólo un poco aquí

Moctezuma recibió en el puente de Iztapalapa a Cortés y sus hombres, acompañados ya, para esos días de noviembre de 1519, de miles de colaboracionistas indígenas. Invitó a los visitantes, como marca todavía la etiqueta, a hospedarse en la ciudad de los palacios, la de miles de casas blancas y torres. Los ojitos de los castellanos les brillaron de codicia por el oro y la plata. Aquí lo más apreciado eran las plumas de quetzal y el jade. Le dijeron a Moctezuma que sufrían de una enfermedad que sólo el oro curaba. La conocemos, se llama avaricia.

En mala hora los hospedó en el palacio de Axayácatl, porque ahí estaba guardado su tesoro personal. Ahora sí que entraron como Pedro por su casa y en la búsqueda encontraron el cuarto del tesoro. Después fundirían todas las piezas para obtener lingotes o tejos de oro y cargaron con ellos cuando la matanza de Tóxcatl.

Cuando sacaron el cobre los españoles, apresaron a su anfitrión. En ese punto se derrumbó el imperio y seguro Moctezuma se arrepintió de sus errores. Cuando quisieron calmar a los mexicas, en mayo de 1520, dicen que una pedrada hirió al Tlatoani en desgracia, por la que luego moriría. Otros dicen que fue asesinado. De cualquier manera, en esos días la nobleza nombró a Cuitláhuac como dirigente, quien de forma decidida lideró la defensa. La viruela se lo llevaría pocos meses después. El último Tlatoani, ya sin oropeles, fue el Joven Abuelo, Cuauhtémoc, el águila que desciende.

Una actitud que no se olvida de Cuauhtémoc fue la decisión de resistir. Lo que no se olvida de Moctezuma es su ingenuidad, la fatuidad, la creencia excesiva en los presagios. Hombres de su tiempo y de su cultura. Para los aztecas era más importante capturar prisioneros para poderlos ofrendar en la pirámide al dios de la guerra, más que asesinarlos o eliminarlos rápidamente en el campo de batalla. El ejército castellano, armado de hierro y polvora se enfrentó a huestes de la edad de piedra, del neolítico.

La escasez de metales duros en Mesoamérica, la ausencia de animales de tiro y carga, de defensa efectiva del cuerpo (aunque los escudos y pecheras sí tenían buenas características), así como el diferente enfoque respecto a la guerra fue decisivo. Algunas batallas se pelearon heróicamente y los ejércitos indígenas dieron todo de sí, tlaxcaltecas, cholultecas y matlacincas contra mexicas, tlatelolcas y texcocanos. Los ibéricos seguramente contemplaron tranquilamente la ferocidad con que los "hermanos de raza" se eliminaban felizmente unos a otros en el campo de guerra y luego en sus templos de idolatría. Los tzompantlis rebosaban de sangre y cabezas.

8. ¡1521 no se olvida!

Sabemos que el tiempo es relativo, pero medio milenio ya es distancia suficiente, ¿no? Hay un chiste muy bueno sobre eso. Dice así: un turista español es golpeado en una calle de una populosa ciudad latinoamericana. Al reclamar porqué los fregadazos, el golpeador le dice que es por la joda que nos pusieron en la Conquista.

-Pero anda, ¡que eso ha sido hace más de 500 años!, contesta el peninsular.
-Sí, le dice el otro, ¡pero yo me acabo de enterar!

Así, en pocas palabras, se resume la situación del contencioso. Obviamente, a estas alturas del partido, nadie puede resolverlo. Los problemas empezaron desde que pisaron tierra los españoles en las costas del nuevo continente. Por una sencilla razón: ellos llegaron aquí a tomar posesión en nombre de la Corona; pero se les olvidó el detallito de que estas tierras ya tenían dueños.

Después vinieron los enfrentamientos, los balazos, los muertos, el robo, el sojuzgamiento de los sobrevivientes, los esclavos, etc. En el mismo siglo XVI los españoles fueron muy mal vistos por lo que hacían en estos confines del mundo. Los sajones creo les ganaron en la competencia, porque ellos tuvieron la costumbre de eliminar a todos los pueblos originarios o echarlos de sus tierras.

Entre las atrocidades que ocurrieron en México, una destaca por el grado de violencia y muerte: la matanza de Tóxcatl o del Templo Mayor. Hernán Cortés, entonces huésped de Moctezuma, salió a enfrentar a Pánfilo de Narváez que había llegado a las costas de Veracruz con órdenes de apresarlo. A cargo de la tropa restante, dejó a Pedro de Alvarado en la ciudad de Tenochtitlán. Entre el 20 y el 22 de mayo de 1520, se celebraba la festividad de Tezcatlipoca o Tóxcatl.

Los señores mexicas habían avisado de la celebración del ritual. Alvarado había dado su autorización, pero al parecer, fue convencido de que los señores mexicas planeaban sublevarse al término de la fiesta. Reunidos cerca de lo que hoy es el zócalo, los indios bailaban, tomaban y cantaban. Entonces Alvarado ordenó que se atacará a los participantes del evento:

"Los españoles acuchillan, alancean a la gente y les dan tajos, con las espadas los hieren. A algunos los acometieron por detrás, inmediatamente cayeron por tierra dispersas sus entrañas. A otros les desgarraron la cabeza; les rebanaron la cabeza, enteramente hecha trizas quedó su cabeza. Pero a otros les dieron tajos en los hombros: hechos grietas, desgarrados quedaron sus cuerpos. A aquellos hieren en los muslos, a éstos en las pantorrillas, a los de más allá en pleno abdómen. Todas las entrañan cayeron por tierra y había algunos que aún en vano corrían: iban arrastrando los intestinos y parecían enredarse los pies en ellos. Anhelosos de ponerse en salvo, no hallaban a dónde dirigirse..."(1)

Los mexicas participantes de la festividad se encontraban completamente desarmados. El hecho, traicionero por donde se le vea, fue un asesinato masivo que no tiene justificación. Pedro de Alvarado, al que apodaban Tonatiuh (el Sol, por lo rubio de su cabellera), ya habia participado en una matanza similar, en Cholula, a unos cuantos kilómetros de México. Una calle de la capital, Salto de Alvarado, lleva su nombre porque ahí saltó el capitán en su huida cuando el levantamiento posterior de la población. Otros, con menos suerte, se ahogaron en las aguas del lago, cargados de oro. Dicen que la noche del 30 de junio de 1520, Hernán lloró su derrota en ese trance en un árbol, un ahuehuete, que se localiza todavía en la calzada México-Tacuba.

Hace unos meses, como si no hubieran pasado ya 500 años, el mismo presidente de la República reveló el contenido de una carta, en la que pedía que necesitábamos que el rey de España y el Papa pidieran disculpas por lo ocurrido en la Conquista:

"…envié ya una carta al Rey de España y otra carta al Papa para que se haga un relato de agravios y se pida perdón a los pueblos originarios por las violaciones a lo que ahora se conoce como derechos humanos. Hubieron matanzas, imposiciones, la llamada conquista se hizo con la espada y con la cruz. Se edificaron las iglesias arriba de los templos. Bueno, se excomulgó a nuestros héroes patrios, a los padres de nuestra patria, a Hidalgo y a Morelos. Entonces es el tiempo ya de decir: vamos a reconciliarnos, pero primero pidamos perdón. Yo lo voy a hacer también porque después de la colonia hubo mucha represión a los pueblos originarios, fue lamentable lo que pasó con el exterminio a los yaquis, a los mayas, incluso el exterminio a los chinos en plena revolución mexicana, desde el porfiriato y luego en la revolución, entonces tenemos que pedir perdón, y que el año 2021 sea el año de la reconciliación histórica."(2)

A la Corona le cayó muy mal la susodicha revelación y contestó así:

"Lamentamos profundamente que se haya hecho pública la carta que el Presidente de los Estados Unidos Mexicanos dirigió a S.M. el Rey el pasado 1 de marzo, **cuyo contenido rechazamos con toda firmeza.** La llegada, hace quinientos años, de los españoles a las actuales tierras mexicanas no puede juzgarse a la luz de consideraciones contemporáneas. Nuestros pueblos hermanos han sabido siempre leer nuestro pasado compartido **sin ira y con una perspectiva constructiva,** como pueblos libres con una herencia común y una proyección extraordinaria. Sobre el enorme caudal de afecto entre nuestros pueblos y su voluntad de progreso, el Gobierno de España reitera su disposición para trabajar conjuntamente con el Gobierno de México y continuar construyendo el marco apropiado para intensificar las relaciones de amistad y cooperación existentes entre nuestros dos países, que nos permita afrontar con una visión compartida los retos futuros."

Hay una canción de Juan Gabriel que se llama ¿Pero qué necesidad? y a esa frase acudimos ante cada despropósito. Número uno, no se deben revelar los contenidos diplomáticos de una carta. Número dos, lo único que se provoca es que el destinatario reaccione de *improptu* y sin pensarlo. Número tres, no se contesta la petición con un rechazo total. En fin, que el desconocimiento y el no entendimiento de estas dos partes continúa después de tanto tiempo y en ninguna de las dos cabe un reconocimiento, no hay lugar para ponerse en los zapatos del otro y por supuesto, la cuestión nos ofende, nos enloquece y nos hace daño.

1. Miguel León Portilla, La visión de los vencidos. Cap. IX, UNAM.
2. Aristegui Noticias. 25 de marzo de 2019.

9. La peste

El 18 de diciembre de 2019, un señor de 65 años, llamémosle el señor Wuo, repartidor de mariscos, de repente se sintió mal y fue al hospital con fiebre alta. Posiblemente había pescado el virus de la neumonía atípica a fines de noviembre o inicios de diciembre. Cuatro días después de estar hospitalizado, su cuadro clínico empeoró y tuvo que ser llevado a la terapia intensiva. El día de Nochebuena, mientras el mundo occidental brindaba en la fiesta de la celebración del nacimiento de Jesús, a Don Wuo en China le tomaron muestras que servirían para tipificar al bicho causante de su enfermedad. El viernes 27 de diciembre, por teléfono, avisaron que la muestra contenía la presencia de un nuevo coronavirus. La vida como la conocíamos se alejaba con un *bye bye*. Al día de hoy, 500 días después, cerca de 10 millones de personas en el mundo han perecido por esta enfermedad. Otra vez la peste.

En marzo de 1520, el esclavo Francisco de Eguía llegó a las costas de México en el barco de Pánfilo de Narváez. Como ya dijimos, traían la orden de apresar al Conquistador extremeño, porque Don Diego Velázquez dijo que siempre no le iba dar chance de cargarse de oro en estas tierras. Al llegar a Tepeaca, entonces dependiente de Tlaxcala, se quedó en la casa de una familia de indios, quienes se convertirían en los pacientes cero de esta enfermedad, la viruela, que aquí le llamaron cocoliztli. La enfermedad llegó después a Tenochtitlán y con el tiempo, al resto del imperio azteca, Mesoamérica y el sur del continente. El muerto más célebre en esos días fue Cuitláhuac, quien era gran Tlatoani, posterior al apresamiento y muerte de Moctezuma y reinó solamente por 80 días, planeando y ejecutando la defensa de la ciudad contra los españoles.

Dicen que la viruela, junto con las otras nuevas enfermedades que azotaron México ese siglo, como el sarampión y el tifus, acabaron con el ochenta por ciento de la población indígena. En ese entonces, se culpó a los cometas y planetas, a la ira de Dios como venganza por la idolatría de los nativos e incluso las costumbres y complexión de los indios (1). Los doctores, más versados en estos males, le llamaban la pestilencia o los malos aires.

El día de Reyes de 2020 lo recuerdo bien porque en la mañana me avisaron que se había perdido mi gato, Leonardo. Luego revisé las noticias y empezó una nueva preocupación. Mencionaban que había reportes de personas con neumonía atípica en China. Con el transcurso de los días, las noticias referían una situación más peligrosa, con más infectados. Aunque todavía no se sabía la fuente con precisión, todo apuntaba a un virus. Ya habían habido otras enfermedades similares años antes, como los brotes de SARS y MERS, en Asia y Oriente Medio. Yo solo esperaba que no se diera el contagio entre humanos, ya que eso representaría la posible aparición de una epidemia.

El día negro llegó, el 30 de enero, confirmándose que el nuevo virus sí tenía la capacidad de contagio de persona a persona y para entonces ya viajaba por varios rumbos, dispersándose rápidamente en varios países, con los modernos medios de transporte. La enfermedad resultó con letalidad importante y alta capacidad de contagio. Algunos países, inútilmente, ordenaron el cierre de sus fronteras. Los aviones se quedaron en tierra y los cruceros, los enormes barcos de paseo, llegaron a las primeras planas por convertirse en buques de la muerte, varados en el mar o en puertos en que no les permitían desalojar a enfermos ni sanos. La histeria, el temor, el pánico, el miedo irracional se enseñorearon entre las personas y los mercados.

El primer contagiado en Mexico fue un coreano que venía de Italia (2). El 20 de marzo avisaron que no regresaríamos a trabajar, que los jóvenes no volverían al salón de clases, que varios sectores de la economía debían cerrar, así como locales y fábricas y que el futuro no era seguro. Las personas debían quedarse en las cuatro paredes de sus casas y reducir los contactos y las salidas.

De primer momento, tener varios días libres eran como unas vacaciones de sorpresa, pero al darnos cuenta que no podríamos pasear, ni ir de compras, ni siquiera a los parques, se empezó a sentir como estar en una prisión. Entonces nos apertrechamos de víveres, de botellas de cerveza y vino, de chocolates, helados, postres y demás confiterías (claro, también mucho papel higiénico).

Los días empezaron a transcurrir pesadamente. Comer, ver televisión y el celular, comer otra vez, más televisión, dormir. Una monotonía de gusano. Después de dos semanas, me activé y empecé atrabajar frenéticamente en la casa, limpiando y pintando paredes viejas. Así resistí varios meses la abulia del no tener nada que hacer. El trabajo oficial era casi imposible de realizar en casa, dependía de las instalaciones que estaban cerradas. Así pasó un año negro, no sin muertes cercanas y lejanas. La llegada de las vacunas anti covid significaron una buena esperanza.

1. Wikipedia. 2. BBC News Mundo.

10. Sincretismo

Esto es una vuelta más de la tuerca, resultado inconsciente de la Conquista, que está presente todos los días. Los dioses prehispánicos siguen aquí, enmascarados detrás de la Virgen María, de santo Tomás, de Jesús y los santos.

La peregrinación del 12 de diciembre es al templo de Guadalupe, en Tepeyac, pero muchos recuerdan a Tonantzin. La lluvia provoca destrozos y el culpable es el dios Tláloc. Para equilibrar, el 15 de mayo le pedimos a San Isidro Labrador que haya buenas cosechas.

¿Te acuerdas que de niña te llevaban al campo, a poner banderitas a las parcelas, cargando al santo, echando cuetes? En las faldas del volcán Popocatépetl los graniceros, expertos pedidores de lluvia, hacen sus ritos secretos. Ellos le llaman Don Goyo. Son católicos pero también hijos de Tláloc, los tocados por el rayo.

Con los conquistadores llegó la nueva religión, pero algunos elem0entos persistieron. Los indígenas vieron en ella elementos comunes con su antiguo rito, como la redención, la incorporación de varios dioses en la misma advocación, la forma de cruz con los cuatro rumbos del mundo, etc. La mezcla de ambas tradiciones formó el sincretismo. En Perú sucedió algo similar. La gente acostumbra a llevarle ofrendas a la Pacha Mama a las montañas, a poner hojas de coca en los recovecos de las paredes de los templos incas o simplemente a derramar un poco de chicha antes de tomarla, como una manera de reconocer al dador de vida.

Por otra parte, otro sincretismo sucedió con las religiones traídas por los negros y el catolicismo que les impusieron. No les quedó de otra que esconder atrás de esas vírgenes y santos a sus *orishas*. Para nosotros tal mezcla no es anormal, sino todo lo contrario. Es llevar un poco la contra a todo el *stablishment*. Algo que todavía parece rebelión. A los turistas nacionales y extranjeros les encanta ir a que les den limpias a Catemaco, a cargar energía el equinoccio de primavera a Teotihuacán, o a que les truenen los ejotitos en la iglesia.

La gente se persigna, sí, pero también temen a la Llorona, al nahual, y por supuesto les molesta que alguien caiga de sorpresa o eche a perder el plan y dicen "ya me cayó el chahuistle". En la costa de Guerrero hay varios tipos de enfermedad que a nosotros nos parecen enigmáticas, como perder la sombra o el tono.

México, donde no todos son católicos, pero por supuesto todos son guadalupanos. El presidente mismo responde a la espinosa cuestión de si es religioso con un "yo me hinco donde se hinca el pueblo".

11. La segunda Conquista

Le decimos malinchista a aquel que prefiere lo extranjero sobre lo nacional. Esto sucede normalmente en los estratos de altos ingresos, porque son los que más fácilmente están en contacto con lo extranjero. Por ejemplo, les gustan las ropas y perfumes importados, les encanta pasar la Navidad en Nueva York, aunque haga un frío del demonio, pero el *shopping* y la visita a las atracciones de la Gran Manzana son un *must*. Otros más aventurados alcanzan a cruzar el océano para pasar las vacaciones en Europa, en España y en Madrid, más específicamente. Aprovechan los meses que no son temporada alta porque los boletos de avión están por mitad, aunque los chamacos falten a clases en marzo o abril. Luego se les pega un acentito peninsular que da risa, hasta quieren cecear. Las señoras también se traen lo más nuevo de la moda parisina o milanesa. Incluso presumen de sus apellidos españoles (como los tenemos el 90 por ciento de los habitantes) y buscan en la heráldica sus escudos a ver si pertenecen a alguna Casa fregona con abolengo, si son *hijosdalgo* pues.

La segunda Conquista en realidad se refiere a los tratos desfavorables que han hecho algunos gobernantes prefiriendo a empresas españolas sobre las nacionales en diversos campos. Por ejemplo, los bancos se vendieron a grupos españoles, aunque también a ingleses, estadunidenses y canadienses. ¿Eran los banqueros mexicanos incapaces de administrar las abundancias prometidas por un lejano presidente? Al menos dos de ellos tenían más de un siglo en el negocio, por lo cual puede decirse que sabían cómo mover el abanico. Pero bueno, llegaron los tecnócratas y decidieron que los extranjeros eran los mejores para el área y casi todos los bancos acabaron en manos extranjeras. Ahora, cada año salen ríos de dinero para los países matrices porque resultó que fueron muy buen negocio.

En otras áreas de la economía también ha pasado algo similar. Tanto así que más de cinco mil empresas españolas operan aquí: petroleras, gaseras, telefónicas, textileras, agencias de publicidad, etc.

Todo bien, no se diga que México se cierra al comercio mundial. Nada más un detallito: muchas de las empresas rebajan sus estándares de operación en tierras mexicas, tienen mayores costos para los consumidores y reportan mayores ganancias que las empresas en el país de origen. Esto significa una cosa: que nos vuelven a hacer tarugos con los espejitos y el oro. Tenemos que exigir calidad y costos similares a los del país matriz para que la cuestión sea equilibrada.

12. Exaltación chovinista

Esta es una característica del mexicano que sale a relucir cada que hay una prueba suprema, por ejemplo, el día que juega la Selección nacional de futbol. Ese día nos sentimos invencibles. Después del partido, sea cual fuere el resultado, las hordas y chusmas se apersonan en el monumento del Angel de la Independencia y hacen desmanes, ríen, lloran, echan cerveza. Luego agarran piedras y se pelean entre sí, como si se tratara de un invasor imaginario o un conquistador español.

Aunque no juegue (o pierda) la Selección, el chovinismo hace su aparición a la menor provocación. Que si la comida es patrimonio intangible de la humanidad, que si la pirámide de Cholula es más grande que la de Keops, que si el taco al pastor es el *non plus ultra*, que si aquí ya se había inventado el cero desde antes de Cristo, en fin. Otra cosa que se exalta es por supuesto, el macho mexicano, sí señor, valiente, echador, fajador, abusado con las viejas y hombre por los cuatro costados. Yo no comulgo, por cierto, con eso de que deben ser calados.

De todas maneras, esa exaltación combina con el dicho que dice: dime de qué presumes y te diré de qué careces. No conocemos y no estamos a gusto con la sensatez, la pulcritud, el esfuerzo constante, la honrada medianía como decía Morelos.

Y esto, ¿qué tiene que ver con la Conquista? Qué muchos de los traumas y afanes de la gente se colocan en el imaginario día cero en que llegaron los españoles y acabaron con los mexicas. A partir de ahí comienza un nuevo país, uno fregado, con indios aporreados y esclavos negros, con catecismo a la fuerza y expoliación de los recursos naturales. Entonces, la forma de enfrentar este proceso es decir que si no hubiera habido Conquista, la cosa sería diferente. Que para muestra ahí están las pirámides, los ídolos, Quetzalcóatl que era un fregón, Huizilopochtli que hasta hacía temblar nomás de verlo de bulto; además están otras instituciones sacrosantas como el tianguis, el taco, la tortilla, el tamal, la guajolota, las limpias, los chamanes.

Los pueblos actuales de México, incluyendo a los yucatecos, nos sentimos y somos los legítimos herederos de las culturas azteca, nahua, maya, olmeca y todas las demás. Para hacer un punto de comparación, veamos el ejemplo de los egipcios. Ahí en el desierto rojo, inmenso, el río Nilo corre de sur a norte, algo que desconcertaba a Heródoto, y en las orillas floreció este pueblo de enormes riquezas. Por supuesto las pirámides de Keops, Kefren y Micerino, pero también la de Saqqara, ciudades como Luxor, Tebas y Menfis, el valle de los Reyes y sus joyas de oro, turquesa y lapislázuli. El sarcófago de oro y maderas preciosas de Tutankamon, su máscara, su carruaje. Todo eso que sucedió en tiempos antiguos y que llegó hasta nuestra era con la dominación romana es una cosa que les parece indiferente a los egipcios modernos. Los actuales habitantes no se reconocen en el pueblo de los faraones que construyó las pirámides. No. Los egipcios de ahora son árabes, llegaron apenas después del 700 y traen una religión que les impide reconocer que ahí reinó Ramses y Akhenaton, que adoraron antes a Amon Ra, a Isis, a Osiris, a Anubis y a Hathor. Ahora sí que cuando ellos llegaron, ya estaba fincado y otros fueron los dueños. Esa es la gran diferencia con los mexicanos.

Por ejemplo, se puede leer hoy en Facebook la diatriba de siempre: ¿crees que los europeos vinieron a civilizar? ¿Crees que la América precolombina era un edén sin enfermedades ni malicia? ¿Crees que Cuauhtémoc fue el Tlatoani más valeroso? ¿Crees que Moctezuma II creyó que los castellanos eran dioses? ¿Crees que Anáhuac también incluía al Mayapán, al Totonacapan, la Chichimeca y las tierras Purépechas? (1) ¡Pues no, jóvenes!

Varios adjetivos nos son puestos aquí y en otros lados. Que si impuntuales, que flojos, que descuidados, irresponsables, etc. Por otro lado también nos reconocemos solidarios, creativos y sacrificados. Necesitamos más de los segundos y menos de los primeros. A veces nos preguntamos de donde nos viene esta visión de la vida. La respuesta no es sencilla. Por un lado, el fatalismo es claramente indígena prehispánico. Ellos creían que los destinos estaban determinados al momento de nacer, debido al calendario y a la deidad protectora correspondiente.

El tiempo, como se medía aquí en la antigüedad, era cíclico; es decir, se repetía despues de ciertos meses o años. Eso daba una concepción particular. Además de que cada persona podía saber qué lugar del paraíso le correspondía, de acuerdo a la muerte que le sucediera. Pero si volteamos a ver a España, podremos reconocer varios de nuestros vicios allá. Por ejemplo, la burocracia insufrible y tortuosa, la tramitología llevada a un nivel de virtud, el compadrazgo, las corruptelas.

1. Culturas de Mesoamérica. Alejandro Quintero. Facebook.

13. El amigo Alonso

Para que vean que hay cosas que no se olvidan fácilmente, aquí el diálogo con mi madre el día que supo que tenía un amigo español:

-¿Va a venir tu amigo?

-¡Ajá!

-Pero es español…

-¿Y qué tiene?

-¡Caramba! Pues que no está bien.

El amigo Alonso es español de los grandotes, inteligente, generoso, de sonrisa franca y abrazable. Barbón, como quizá lo fueron sus ancestros en la bella Andalucía. Lo conocí cuando llegó de la Madre Patria a cubrir un contrato temporal. El contrato se alargó y alargó hasta que llegó a los cinco años. Nos tocó trabajar algo juntos y fue bueno. Por cierto que una vez, en una gira al campo, casi nos lleva Patas de cabra, en un accidente de auto en una carretera perdida.

Hicimos buenas migas y nos dimos unos paseos por acá. También lo invitamos varias veces a la casa, a comer y lo más importante, a nuestra boda. El correspondió como todo un caballero. Entre los varios regalos que nos hizo están un puff de piel de camello, un adorno de madera taraceada, un grabado hecho por él mismo y unos aretes de oro damasquinado.

Entonces regresó a casa, no sin antes apalabrarse con una nativa. Ya radicando en España, el día del bautizo de uno de nuestros hijos nos dio la gran sorpresa, apareciendo, recién llegado de visita. Entonces le dije que lo visitaríamos en su tierra. Y le cumplí.

Años después se dio la oportunidad de visitar España. Llegando a Madrid volamos a las Canarias, a Tenerife. Isla interesante, de suelo volcánico, con sus árboles de sangre de drago y los vientos tremendos que azotan y doblan los platanares y matorrales. Una cosa curiosa es que está lleno de nopales, que les dicen cactus y, por supuesto, no se comen. Costa Adeje se está llenando de inmigrantes este-europeos que compran casas de lujo con dineros sospechosos.

La Laguna es como Veracruz o Campeche. Por cierto los tenerifeños se sienten casi como los mexicanos, excluidos de las decisiones importantes que se toman lejos de su tierra.

Regresamos a la metrópoli y visitamos Toledo, Sevilla, Córdoba y Granada. Nos comunicamos con el amigo Alonso y nos encontramos en su bella ciudad, caminamos en la noche fresca de septiembre, nos comimos unos quesos y jamones y brindamos con cervezas, recordando su tiempo mexicano.

Todo esto para decir que aún cuando las nacionalidades nos separan, que aún cuando los pasados compartidos han sido difíciles, las personas debemos ir para adelante y tratar de lograr un mejor entendimiento. Los verdaderos amigos no se escogen por su patria.

14. Plática con Don Hernán

¿Cómo esta Vuesa Merced? ¡Buenas las tenga y mejor las pase! ¿Qué dice el friíto en la Iglesia del Nazareno? Nada más paso a saludarlo y espero no molestar. Con la novedad de que creo que sus huesos seguirán su peregrinar. Acá la chusma, de verdad, no os quiere bien. Se acerca el quinto centenario de esa cosa que vos hicisteis en la ciudad de los Palacios y no vaya a ser que alguna turbamulta saque sus sagrados restos y los disperse por la laguna. ¿Qué le parecerían unos 500 años en la Madre Patria? ¿O en Santo Domingo, o en Santiago de Cuba? Hay que ser francos. Cuando murió empezó el revoloteo. Y todo por no dejar bien claras sus indicaciones. Que quería que lo enterraran en la capilla del lugar donde colgó los tenis, Castilleja de la Cuesta, que si en Coyoacán, que si en el Hospital del Nazareno, en el centro de México. Martín le dedicó una lápida en el Monasterio de San Isidoro del Campo que dice así:

Padre cuya suerte impropiamente
Aqueste bajo mundo poseía
Valor que nuestra edad enriquecía

Descansa ahora en paz, eternamente

Descansar sí, en paz no creo. En 1550 sus restos fueron movidos de lugar. En 1566 se trajeron a la Nueva España, a Texcoco. En 1629 por fin a la capirucha, al Templo de San Francisco. Ahí le pusieron una lápida que decía: Ferdinandi Cortes. Ossa servatur hic famosa. En 1716, a moverlos a otra parte. En 1794 al templo del Hospital de Jesús el Nazareno. En 1823, a la Catedral Metropolitana. Después, al Templo del Hospital. En 1946, los sacaron para checar su voluntad notariada y el presidente de la república los entregó al INAH. Después le pusieron una plaquita que dice secamente: Hernán Cortés. 1485-1547. Corte a 2021: ¡saquen esos huesos que dan mal agüero!

Como ya estamos en confianza, te voy a hablar de tu, Hernán. Ya estamos de la edad y podemos hablarnos al chile. Agárrame la silla que se quiere mover. Te veo muy desmejorado, pues. De la patada.

¿Que te parecería una vueltita por España? Ahí luego regresas, de preferencia ya sin cañones ni arcabuces. Aprovechas y te traes el penacho de Moctezuma, el fregón, el que está en Viena en el Kunsthistorisches.

Regresa a tus curas, de esos que comen santos y cagan diablos. Llévate la pinche burocracia y todas tus Justicias. Tan bien que estábamos. Aquí en el Gran Tianguis no se podían pasar de listos. Los kilos de a kilo, nada que gato por liebre. Luego luego le caían los macanazos al falsificador de cacao. Ahora los pleitos legales duran eternidades, pasan de una generación a otra y una de amparos que no veas. Eso no es justicia.

Ah, pero si tienes palancas es otra cosa. Los de la izquierda y la derecha esos sí están bien, maman a gusto del presupuesto. Pinche pueblo jodido, no los merecemos. ¡Ah, usté era el Marqués del Valle de Oaxaca! Qué vallecito, que empezaba a 500 kilómetros de Oaxaca. Ya vi de dónde sacaron sus mañas los políticos. Acá hay un dicho que dice: no me des, nomás pónme donde hay.

Si te vas, llévate una cuantas lacras. Llévate a los de los partidos, a ladinos y conversos. A los corruptos. A los aviadores. A los holgazanes. A los ladrones. A los abigeos. A los evasores de impuestos. A los prevaricadores. A los jueces venales. A los policías mordelones de la esquina. ¡Queremos una renovación moral de la sociedad! Son medidas difíciles, pero necesarias. ¡Tenemos hambre y sed de justicia, chihuahua!

Llevate a los Duarte (a los dos). A los Cabeza de Vaca. A los Salinas. A los Zedillo (ah, creo que esos no están en el país). A los Peña (esos sí son hartos, por cierto que uno se andaba paseando por Madrid, disfrazado). A los Chong, aunque suene a chino. A los Fox, aunque sean gringos. A los Sahagún, los entenados. A los Gómez del Campo, Zavala y Calderón, todos familia. A Quadri, el italiano, también. Por supuesto, al Comendador, el insigne Fernández de Cevallos, que despotrica un día sí y el otro también.

A lo mejor cuando te vayas de México, estos canijos ahora sí te extrañan. Aquí por ejemplo, no tienes ninguna estatua. Pocas calles llevan tu nombre. Estado, ninguno. Ciudad, tampoco. Bueno, sí, hay algunos lugarcitos. Villa de Cortés, estación del metro. Mar de Cortés o golfo de California. Hacienda de Cortés, hotel y restaurant. No se hacen conmemoraciones de tu nacimiento, ni del día que llegaste, ni de tu muerte. Está cabrón, mi estimado. Pero así como fue la cosa, sabemos que aguantas el golpe. Así nos hemos llevado.

Dicen que somos rencorosos, malagradecidos y que no perdonamos. Puede ser, pero es que nos fregaron bonito. Así está difícil confiar. Otra cosa hubiera sido si hubieran llegado en son de paz, con unos licores y unas buenas chamacas, bien majas, para tener una buena crianza, ¡joder!

Supongo que le hiciste el fuchi al mole, las salsas, las tortillas, a nuestro chile. Sin albur. A los tamales, al pozole ni se diga. Aquí nos sentimos si no se jala parejo. Ustedes traían que el pimiento dulce, los marranos para el jamón y las morcillas, el trigo para el pan.

Ha pasado su tiempito y mucha gente ya dejó esto por la paz. Qué bueno que no te pasó cómo a Colón, que de ida iba hasta con cadenas. Acá hiciste feo, bueno para la bala y cabrón para las viejas. Les dicen las buchonas. A Doña Marina no le cumpliste, que la señora, que la Marcaida, que no sé qué. Ahí se la dejaste a Juan Jaramillo, que por cierto se llama como mi albañil, con tantos buenos servicios que prestó a la causa.

Hiciste lo que pudiste. Hombre de tu tiempo. Pero di la verdad. Comiste pollito con Moctezuma. Dicen que lo cortés no quita lo valiente, y así era él. Y usté también se chingó a Cuauhtémoc, el Jefe, en el camino de las Hibueras. La verdad histórica. Ni hablar. Lo agarraste fuera de lugar. Sabemos que le faltó enjundia al equipo local, nos descolocamos desde el primer tiempo, cuando se dejó que operaran en nuestra cancha. Se replegaron y traías buenas defensas. Ni repechaje alcanzamos. México-Tenochtitlán, equipo llanero del "ya merito", eliminado. Sí, no hay problema, saque el mezcal, una copita nada más.

A lo mejor muchas cosas de los indios te molestaron. Así somos la verdad. Que en un ratito, que ya mero, que la última y nos vamos, que mañana sí te pago. Como dice el dicho, la culpa no es del indio, sino del que lo hace compadre. Ahora en el quinto centenario no nos ponemos de acuerdo. Que si héroe, que si villano. Parafraseando a De Gaulle, ¿cómo lo hacemos, si tenemos 80 diferentes tipos de mezcal?

Hernán, te aseguro que con tanto tiempo aquí, ya eres local. ¡Hernán, hermano, ya eres mexicano! Ya te ponen tus cempasúchiles, tu foto en el altar. Ya te mereces que cada año en el día de Muertos, limpien tus huesitos como lo hacen los mayas de Pomuch, y los pongan en una urna limpiecita, cubierta con un mantel bordado.

Tus conciudadanos sí se pasan de canijos. Con los ecuatorianos, los colombianos, los venezolanos, los sureños pues. Que les hagan el paro, que si se supone que somos primos lejanos no se porten tan mulas con los parientes.

Como dice el dicho, o todos hijos o todos entenados. Una patria grande como decía Bolívar. ¿Y su nieve de qué la quieren? ¡Ah! ¿hay botana? Chicharrón, quesito, guacamole. ¡Así ya no raspa!

Tenemos que reconciliar con el pasado. Es cierto. Ya ves por ejemplo ahí está el caso de los huesos de Don Porfirio, esperando regresar. Tus huesos están aquí, pero ¿tu alma? ¿Extrañas la Iberia? ¿El jamón serrano, el vino, una buena potranca? Debes aceptar que fuiste un gran cabrón. Mientras no sea así, no podrás salir del hoyo donde te encuentras. Préstame atención. Te debes reivindicar. Ayudarían mucho unos talegones de oro, que ahora sí buena falta nos hacen. Una mochada de lo que se llevaron. Sí, una buena compensación.

Hernán, mira, yo sé lo que te digo. Aquí todo se jodió. Tómale otra vez, Hernandito. Este tlachicotón sí es de calidad. Toquen La malagueña, La que se fue o Valentín de la sierra. El hijo desobediente, ok. ¡Pero dénle, chingao!

Tómale. ¿Otra botella? ¡Sale pues! Vamos a seguir chupando hasta que amanezca. Y de aquí al Tenampa o al México, pa´ que muevas tus huesitos. ¡Chin chin el que se raje! ¡Viva México, cabrones!

15. Efemérides y notas bizarras

Como colofón algunas efemérides, notas que aparecieron en la prensa en estos 1000 días y opiniones en las redes sociales. En éstas hay de todo: desde cosas bizarras hasta de uso político. En fin.

18 de noviembre de 1518. Todo empezó con un chiste de Cervantes El Loco a Diego Velázquez: "A la gala de mi amo Diego, Diego: ¿qué capitán has elegido? Que es de Medellín de Extremadura, capitán de gran. Mas temo, Diego, no se te alce con la armada, que le juzgo por muy gran varon en sus cosas". Hernán entonces se embarcó de Santiago a las prisas, antes de que su concuño se arrepintiera y le quitara la concesión para explorar las costas de Yucatán. Anduvo en los puertos de la isla pertrechándose.

10 de febrero de 2019. En la mañana de ese día, de 1519, Hernán Cortés y sus hombres escucharon misa y después se hicieron finalmente a la mar. El domingo, todavía a obscuras, oí la campana de la iglesia de la Natividad de María, en la loma de enfrente. Ahí, a lado, una capilla sencilla tiene una placa que dice: Primera iglesia de la América continental. ¿Qué horas eran? ¿Las seis, las siete? Cerré los ojos y volví a dormir.

25 de febrero de 2019. Hernán Cortés y Moctezuma resucitan con la última película de Gonzalo Suárez, de dibujos animados, ideada no para las salas sino para ser exhibida en centros educativos de toda España. @elpaiseducacion, Twitter. ¡Muy bien! Necesitamos seguir el diálogo.

27 de mayo de 2019. La historia que enseñaron en México estaba dividida entre buenos y malos, nada más: Rodrigo Amerlinck.

En la época en que el presidente López Obrador estudió, los textos estaban plagados de diminutivos en lo referente a los indígenas y tenían una narrativa sesgada: la Conquista se le atribuyó a un solo autor (los españoles), cuando fue una obra conjunta con los tlaxcaltecas. ElMundo.es. ¡Uy! No les toquen ese vals. Apenas se estaban reivindicando.

14 de junio de 2019. "Un gran hallazgo de la revisión del libro de la ciudad es la de la total destrucción de Tenochtitlán durante la conquista. Ni una casa quedó intacta. No se respetó ninguna propiedad indígena. Ya en 1524 se habla de la plaza donde antes estaba el gran templo". @vHumboldtAlex, Twitter.

20 de junio de 2019. "Buscan en Veracruz los barcos de Cortés". Reforma.com. Supongo que son los que el extremeño quemó.

16 de agosto de 2019. Hernán y sus hombres iniciaron en este día el camino que los llevaría a la gran Tenochtitlán. En la tarde, fuimos a la inauguración de una exposición de códices. Reproducciones. La mayoría de los originales están en Europa.

19 de noviembre de 2019. "Apenas desembarcó en Veracruz, Hernán Cortés, sin ningún fundamento legal, se autonombró Alcalde. Fue el primer fraude: Andrés Manuel Lopez Obrador." El Universal.com.mx. ¡Lo bueno es que no había INE!

20 de noviembre de 2019. "Que deje de pelearse con Hernán Cortés", le dice partido español a AMLO. "Alguien debería decirle a este mediocre con ínfulas, que México es independiente desde hace 200 años", le contestó el derechista Vox al presidente de México. El Universal.com.mx. Ni hablar, pedradota.

22 de noviembre de 2019. "Los restos de Hernán Cortés son un foco de infección", dice diputado morenista. El diputado dijo que tener los restos de Cortés en México sólo da mal aspecto y es de mal agüero. Un diputado local de Morena (partido en el poder) considera que la osamenta de Hernán Cortés es un foco de infección, por eso le sugirió al presidente que ésta sea llevada a otro lugar. Opinó que: "lo mejor es que los españoles se la lleven, pues solo da pena y vergüenza a nuestro país… le sugeriría que saque esa porquería, ese foco de infección que sólo mal nos pone". Notimex. Pobres huesos.

5 de diciembre de 2019. Aquí la lista de libros que Pablo Ferri en El País recomienda como regalos de Navidad, "para entender algo de la conquista (o un nuevo motivo para pelear a muerte)":

-Cuando Moctezuma conoció a Cortés. Mathew Resttal.
-Quién conquistó México. Federico Navarrete.
-La conquista de México. Hugh Tomas.
-Visión de los vencidos. Miguel León Portilla.
-Hernán Cortés. José Luis Martínez.
-Crónica de la eternidad. Christian Duverger.

-Veracruz. Los hombres de Cortés. Carmen Martínez.

-Malintzin. Una muer indígena en la conquista de México. Camilla Townsend.

9 de enero de 2020. Confirman que tejo de oro hallado en la Alameda, parque céntrico de la ciudad de México, fue hundido hace 500 años en los canales de México Tenochtitlán, y corresponde a la huida de la isla, emprendida por Hernán Cortés y sus huestes. INAH. La Noche Triste, la del 30 de junio de 1520, Hernán y sus aliados huyeron del levantamiento indígena y de una muerte segura. Cargaron con los lingotes de oro que habían fundido a partir de las joyas aztecas más hermosas.

16 de enero de 2020. Xochimilco bajo amenaza. Hernán Cortés conquista de nuevo. Proceso.com. O sea… ¿Como si no hubieran pasado ya 500 años?

15 de febrero de 2020. La conquista de México no ocurrió. Ese es el polémico título del ensayo de Guy Rozat, en la obra por él coordinada (Pedro Salmerón). Nodal.am. ¡Ese compa está peor de perdido!

28 de febrero de 2020. De las muchas casas que tuvo Cortés en territorio novohispano, admirablemente aún existe la que está en La Antigua, Veracruz, y que habitó por corto tiempo. Como materiales que se emplearon para levantar esta rústica obra sirvieron piedra de río y coral. @vHumboldtAlex, Twitter. Ahí sigue la casa, a orillas del río, devorada durante siglos, lentamente, por las ramas y raíces de los árboles.

18 de marzo de 2020. En marzo de 1520 un solo contagiado de viruela, Francisco de Eguía, llegó a México. América Central no tenía trenes ni autobuses, ni siquiera burros. Para diciembre, una epidemia de viruela devastaba todo Centro América, matando hasta un tercio de la población.

27 de junio de 2020. Este es uno de los atuendos que usaba el Tlatoani Moctezuma en el año en que fue hecho prisionero a traición y luego asesinado por Hernán Cortés y sus cómplices, antes de huir y sufrir su noche triste. Pablo Moctezuma, Twitter. ¿Y el penacho? En Viena.

30 de junio de 2020. Ahora Tenochtitlán parece volver a caer. Hace 500 años, Cortés y sus hombres salieron por pies. Esa noche llovía. Hoy también.

13 de julio de 2020. Vestigios de un palacio azteca, sede de acontecimientos claves de la conquista de México, como la muerte del monarca Moctezuma y que luego fuera casa de Hernán Cortés, fueron descubiertos en el ahora Nacional Monte de Piedad. Deutsche Welle en español. Hace 500 años llegaron ahí los conquistadores al empeño y a cambiar oro por espejos.

13 de agosto de 2020. México, como el resto del mundo, pierde la batalla. Otra vez.

6 de octubre de 2020. Los indígenas zapatistas anunciaron que harían un viaje en dirección inversa a los conquistadores para llegar a Madrid con tres mensajes muy claros: que no fueron consquistados, que siguen en rebeldía y que nadie debe pedir perdón. ChicagoTribune.com. Ehh, como que estamos perdidos en la historia, ¿no?

9 de octubre de 2020. Hipotético navío español, navegando por la Acequia Real de Tenochtitlán. @Lycaones, Twitter. El pasado revisitado.

9 de octubre de 2020. ¿Fue realmente Cristóbal Colón el primero en llegar a América? BBC News Mundo. ¡Quién sabe, pero 500 años y 1000 días después todavía se sienten los chingadazos!

11 de octubre de 2020. Cómo China pudo haber "descubierto" América siete décadas antes de la llegada de Colón. BBC News Mundo. ¡Uy! ¡500 años después lo siguen peleando!

12 de octubre de 2020. "El descubrimiento y la conquista no fue solo un agravio, sino una práctica de opresión, servidumbre estructural, muerte de cuerpos y cultura… Es mucho más que agravio, es ofensa, humillación, asesinato, falta mortal contra el otro en su dignidad": Enrique Dussel.

Traer a la memoria el 12 de octubre de 1492 debe ser un ejercicio para pensar y entender nuestro presente y sus arraigadas diferencias sociales que continúan como consecuencia de lo que ocurrió en aquella época. @Cultura_Mx, Twitter. 500 años después el Quijote Obrador le pide a la Madre Iglesia y a Su Majestad el Rey que se arrepientan y pidan perdón. ¡Azi no Anlo!

26 de octubre de 2020. AMLO (Andrés Manuel López Obrador) pedirá a la ONU que patrimonio de los pueblos sea devuelto por países conquistadores. JoseCardenas.com. ¡Uy, Quijotesca tarea atrasada medio mileno! Yo pensaba que habían pasado de balde esos años.

28 de diciembre de 2020. Cuitláhuac se opuso a que Moctezuma recibiera a los españoles en Tenochtitlán. BBC News Mundo. ¡Notición!

2 de enero de 2021. A la muerte de su hermano en junio de 1520, Cuitláhuac le sucedió en el trono mexica y se puso al frente de la resistencia contra los invasores europeos, a los que derrotó en la llamada Noche Triste. BBC News Mundo. ¡Cuitláhuac y el Joven Abuelo no se olvidan nunca!

1 de marzo de 2021. 500 años. Fue invasión, no fue conquista ni llegada. Hernán Cortés inició el robo, saqueo, asesinatos, violaciones y genocidio en nuestra tierra. Pablo Moctezuma, Twitter. Otra vez.

4 de marzo de 2021. ¡Oops, lo hice de nuevo! Zara ofreció los estropajos tradicionales de México en casi 300 pesos. ¿Qué opinas? ElFinanciero_Mx. Twitter. ¡Que se repite la historia del oro por espejitos! Como si no hubieran pasado todos estos años.

11 de marzo de 2021. El árbol de la Noche Triste en 1910 pintado por José María Velasco. En este árbol supuestamente lloró Cortés el 30 de junio de 1520. "Y llegado a la dicha ciudad de Tacuba, hallé toda la gente remolinada en una plaza, que no sabían dónde ir". Hernán Cortés, Cartas de Relación.

12 de marzo de 2021. ¡Ni lamentaciones ni lágrimas! Hernán Cortés nunca lloró en el Arbol de la Noche Triste: historiadores. Milenio.com. Los historiadores revisionistas van a salir después con que ni fue cierto que perdió esa batalla. ¡Uff!

16 de marzo de 2021. Los 500 años de la Conquista de México son "la papa caliente" del congreso español. El 13 de agosto se cumplen 500 años de la conquista de México. España quiere estar presente, pero no sabe si vestir luto o celebrar. En una sesión muy tensa, el Congreso comenzó a debatir si esa "papa caliente" fue una gesta heroica, un exterminio o un encuentro de culturas. Perfil.com. Ahora sí como se dice por acá, ni una cosa ni la otra, ¿tengo o no tengo razón?

20 de marzo de 2021. Orgullo inmenso. El Juan Sebastián Elcano llega a Filipinas (Cebú), 500 años después de la primera vuelta al mundo. @lopezbreamaria, Twitter. Sí, como si no hubieran pasado los días.

22 de marzo de 2021. Un día como hoy, el 22 de marzo de 1659 los pueblos mixes se levantaron en armas contra los españoles y tomaron la alcaldía mayor de Nejapa, junto a chontales y zapotecos. @YasnayaEG. Twitter. Reverberancias de una larga conquista.

21 de abril de 2021. Enrique Krauze: España y México tendrían que celebrar los 500 años de la conquista juntos. ABC.es. Ahí está el detalle. Lo que para unos es celebración, para los otros no.

29 de abril de 2021. Es equivocado llamar Conquista a la caída de México-Tenochtitlán y decir que se fundó en 1321: Federico Navarrete. La conquista no fue una victoria de los españoles sobre los indígenas, sino una victoria de los propios indígenas aliados con los españoles. Milenio.com. ¿¿¿Por finnn???

3 de junio de 2021. Sacrificio de españoles por mexicas. Junio de 1520. A los indígenas se les había caído el velo y empezaban a cranear. Cayeron de un lado y del otro.

15 de junio de 2021. ¿Cómo es recorrer la ruta inicial de Cortés a 500 años de su llegada a México?

18 de junio de 2021. ¿Te imaginas una "Gran Tenochtitlán" al estilo Disney? Pues esa es la propuesta que le hicieron a @lopezobrador_ en la "mañanera" y no la descartó. ElFinanciero.com.mx. Nomás con que no la quieran hacer en el Zócalo cada agosto…

30 de junio de 2021. "España se define como un Estado blanco, pero no lo ha sido ni lo será", defiende Gerehou, que también cita el pasado: "Ocho siglos de dominio musulmán, el pueblo gitano, la cercanía con Africa, que está a 14 kilómetros… España es un país mestizo". @el_pais. No les toquen ese vals.

7 de julio de 2021. El mismo Bernal Díaz del Castillo reconoce que sus ojos jamás habían visto ciudad tan bella. Chulada de orígenes que apenas aprendemos a dignificar. @ensanar. Vuelta de nuevo otra vez, como dicen en mi pueblo.

7 de julio de 2021. Para todos aquellos que no creen que España debería pedirle perdón a México, porque en 1836 ya lo hizo (Tratado de Paz y Amistad), les dejo esto, para que vean la magnitud de la destrucción que hicieron. Tenochtitlán y sus ciudades satélite eran mucho muy superiores a las europeas. @macamposr52. ¿Qué decíamos de la exaltación chovinista?

8 de julio de 2021. Enrique Krauze arrodillado ante la realeza española. No ha pasado el tiempo de la "conquista de América". @patyperhaps. Es que 500 años parece que pasaron de balde.

14 de julio de 2021. Como parte de la conmemoración "500 años de resistencia indígena", la jefa de Gobierno de la Ciudad de México, Claudia Sheinbaum, anunció que Zócalo-Tenochtitlán será el nuevo nombre de la estación del metro. "Queremos cuestionar porque en realidad hay 500 años de resistencia y no necesariamente 500 años de conquista; el racismo y el clasismo que se siguen viviendo en nuestra sociedad son parte de esta herencia colonial", aseguró Sheinbaum. TvAzteca.com. Otros cambios serán que el árbol de la Noche Triste ahora será de la Noche Victoriosa y el Puente de Alvarado será Puente México-Tenochtitlán. Sigue la mata dando.

14 de julio de 2021. El presidente Andrés Manuel López Obrador reprochó que el Rey de España, Felipe VI, no tuvo la delicadez de responder la carta que le envió en 2019 para que pidiera perdón por los abusos cometidos durante la época de la Conquista de México. "Mandé una carta y no tienen ni siquiera la delicadeza de responderla, la filtran y empiezan los ataques a mi persona y al gobierno, de autoridades, de intelectuales pro monárquicos". Eluniversal.com.mx.

A lo mejor la carta se perdió en alguna carabela en el tornaviaje, por ahí en el triángulo de las Bermudas.

13 de agosto de 1521. Dia 1 Serpiente. Año 3 Casa. Después de un terrible sitio de 80 días, la ciudad estaba poblada por fantasmas, hombres acabados por el hambre y enfermos. En la última embestida, los que quedaron en posibilidades de hacerlo, huyeron en canoas. Cuauhtémoc fue apresado y llevado a la presencia de Cortés. Le dijo: "Malinche, yo ya he hecho todo lo que estaba en mi poder para defenderme a mí y los míos. A lo que obligado era para no llegar a tal estado y lugar como estoy. Pues vos podéis ahora hacer de mi lo que quisieres. Matádme, que es lo mejor". Lo que sucedió después es historia.

Finalmente, recordemos lo que dijo el poeta nahuatlaco:

¡En tanto que permanezca el mundo, que no acabe la fama y la gloria de México-Tenochtitlán!